U0122497

心一堂術數古籍珍本叢刊

書名：《香港山脈形勢論》《如何應用日景羅經》合刊

系列：心一堂術數古籍珍本叢刊　第二輯　堪輿類　160

作者：吳師青

主編、責任編輯：陳劍聰

心一堂術數古籍珍本叢刊編校小組：陳劍聰　素聞　鄒偉才　虛白盧主

出版：心一堂有限公司

通訊地址：香港九龍旺角彌敦道六一〇號荷李活商業中心十八樓〇五一〇六室

深港讀者服務中心：中國深圳市羅湖區立新路六號羅湖商業大廈負一層〇〇八室

電話號碼：(852)67150840

網址：publish.sunyata.cc

電郵：sunyatabook@gmail.com

網店：http://book.sunyata.cc

淘寶店地址：https://shop210782774.taobao.com

微店地址：https://weidian.com/s/1212826297

臉書：https://www.facebook.com/sunyatabook

讀者論壇：http://bbs.sunyata.cc/

平裝

版次：二零一九年三月初版

定價：港幣　九十八元正
　　　新台幣　三百九十八元正

國際書號：ISBN 978-988-8582-46-4

版權所有　翻印必究

香港發行：香港聯合書刊物流有限公司

地址：香港新界大埔汀麗路36號中華商務印刷大廈3樓

電話號碼：(852)2150-2100

傳真號碼：(852)2407-3062

電郵：info@suplogistics.com.hk

台灣發行：秀威資訊科技股份有限公司

地址：台灣台北市內湖區瑞光路七十六巷六十五號一樓

電話號碼：+886-2-2796-3638

傳真號碼：+886-2-2796-1377

網絡書店：www.bodbooks.com.tw

台灣秀威書店讀者服務中心：

地址：台灣台北市中山區松江路二〇九號一樓

電話號碼：+886-2-2518-0207

傳真號碼：+886-2-2518-0778

網絡書店：http://www.govbooks.com.tw

中國大陸發行　零售：深圳心一堂文化傳播有限公司

深圳地址：深圳市羅湖區立新路六號羅湖商業大廈負一層〇〇八室

電話號碼：(86)0755-82224934

心一堂微店二維碼

心一堂淘寶店二維碼

心一堂術數古籍 珍本 整理 叢刊 總序

術數定義

術數，大概可謂以「推算（推演）、預測人（個人、群體、國家等）、事、物、自然現象、時間、空間方位等規律及氣數，並或通過種種『方術』，從而達致趨吉避凶或某種特定目的」之知識體系和方法。

術數類別

我國術數的內容類別，歷代不盡相同，例如《漢書·藝文志》中載，漢代術數有六類：天文、曆譜、五行、蓍龜、雜占、形法。至清代《四庫全書》，術數類則有：數學、占候、相宅相墓、占卜、命書、相書、陰陽五行、雜技術等，其他如《後漢書·方術部》、《藝文類聚·方術部》、《太平御覽·方術部》等，對於術數的分類，皆有差異。古代多把天文、曆譜、及部分數學均歸入術數類，而民間流行亦視傳統醫學作為術數的一環；此外，有些術數與宗教中的方術亦往往難以分開。現代民間則常將各種術數歸納為五大類別：命、卜、相、醫、山，通稱「五術」。

本叢刊在《四庫全書》的分類基礎上，將術數分為九大類別：占筮、星命、相術、堪輿、選擇、三式、讖諱、理數（陰陽五行）、雜術（其他）。而未收天文、曆譜、算術、宗教方術、醫學。

術數思想與發展——從術到學，乃至合道

我國術數是由上古的占星、卜筮、形法等術發展下來的。其中卜筮之術，是歷經夏商周三代而通過「龜卜、蓍筮」得出卜（筮）辭的一種預測（吉凶成敗）術，之後歸納並結集成書，此即現傳之《易

經》。經過春秋戰國至秦漢之際，受到當時諸子百家的影響、儒家的推崇，遂有《易傳》等的出現，原本是卜筮術書的《易經》，被提升及解讀成有包涵「天地之道（理）」之學。因此，《易‧繫辭傳》曰：「易與天地準，故能彌綸天地之道。」

漢代以後，易學中的陰陽學說，與五行、九宮、干支、氣運、災變、律曆、卦氣、讖緯、天人感應說等相結合，形成易學中象數系統。而其他原與《易經》本來沒有關係的術數，如占星、形法、選擇，亦漸漸以易理（象數學說）為依歸。《四庫全書‧易類小序》云：「術數之興，多在秦漢以後。要其旨，不出乎陰陽五行，生尅制化。實皆《易》之支派，傅以雜說耳。」至此，術數可謂已由「術」發展成「學」。

及至宋代，術數理論與理學中的河圖洛書、太極圖、邵雍先天之學及皇極經世等學說給合，通過術數以演繹理學中「天地中有一太極，萬物中各有一太極」（《朱子語類》）的思想。術數理論不單已發展至十分成熟，而且也從其學理中衍生一些新的方法或理論，如《梅花易數》、《河洛理數》等。

在傳統上，術數功能往往不止於僅僅作為趨吉避凶的方術，及「能彌綸天地之道」的學問，亦有其「修心養性」的功能，「與道合一」（修道）的內涵。《素問‧上古天真論》：「上古之人，其知道者，法於陰陽，和於術數。」數之意義，不單是外在的算數、歷數、氣數，而是與理學中同等的「道」、「理」--心性的功能，北宋理氣家邵雍對此多有發揮：「聖人之心，是亦數也」、「萬化萬事生乎心」、「心為太極」。《觀物外篇》：「先天之學，心法也。……蓋天地萬物之理，盡在其中矣，心一而不分，則能應萬物。」反過來說，宋代的術數理論，受到當時理學、佛道及宋易影響，認為心性本質上是等同天地之太極。天地萬物氣數規律，能通過內觀自心而有所感知，即是內心也已具備有術數的推演及預測、感知能力；相傳是邵雍所創之《梅花易數》，便是在這樣的背景下誕生。

《易‧文言傳》已有「積善之家，必有餘慶；積不善之家，必有餘殃」之說，至漢代流行的災變說及讖緯說，我國數千年來都認為天災，異常天象（自然現象），皆與一國或一地的施政者失德有關；下

至家族、個人之盛衰，也都與一族一人之德行修養有關。因此，我國術數中除了吉凶盛衰理數之外，人心的德行修養，也是趨吉避凶的一個關鍵因素。

術數與宗教、修道

在這種思想之下，我國術數不單只是附屬於巫術或宗教行為的方術，又往往是一種宗教的修煉手段；通過術數，以知陰陽，乃至合陰陽（道）。「其知道者，法於陰陽，和於術數。」例如，「奇門遁甲」術中，即分為「術奇門」與「法奇門」兩大類。「法奇門」中有大量道教中符籙、手印、存想、內煉的內容，是道教內丹外法的一種重要外法修煉體系。甚至在雷法一系的修煉上，亦大量應用了術數內容。此外，相術、堪輿術中也有修煉望氣（氣的形狀、顏色）的方法；堪輿家除了選擇陰陽宅之吉凶外，也有道教中選擇適合修道環境（法、財、侶、地中的地）的方法，以至通過堪輿術觀察天地山川陰陽之氣，亦成為領悟陰陽金丹大道的一途。

易學體系以外的術數與的少數民族的術數

我國術數中，也有不用或不全用易理作為其理論依據的，如揚雄的《太玄》、司馬光的《潛虛》。

也有一些占卜法、雜術不屬於《易經》系統，不過對後世影響較少而已。

外來宗教及少數民族中也有不少雖受漢文化影響（如陰陽、五行、二十八宿等學說。）但仍自成系統的術數，如古代的西夏、突厥、吐魯番等占卜及星占術，藏族中有多種藏傳佛教占卜術、苯教占卜術；北方少數民族有薩滿教占卜術；不少少數民族如水族、白族、布朗族、佤族、彝族、苗族等，皆有占雞（卦）草卜、雞蛋卜等術，納西族的占星術、占卜術，彝族畢摩的推命術、占卜術……等等，都是屬於《易經》體系以外的術數。相對上，外國傳入的術數以及其理論，對我國術數影響更大。

曆法、推步術與外來術數的影響

我國的術數與曆法的關係非常緊密。早期的術數中，很多是利用星宿或星宿組合的位置（如某星在某州或某宮某度）付予某種吉凶意義，并據之以推演，例如歲星（木星）、月將（某月太陽所躔之宮次）等。不過，由於不同的古代曆法推步的誤差及歲差的問題，若干年後，其術數所用之星辰的位置，已與真實星辰的位置不一樣了；此如歲星（木星），早期的曆法及術數以十二年為一周期（以應地支），與木星真實周期十一點八六年，每幾十年便錯一宮。後來術家又設一「太歲」的假想星體來解決，是歲星運行的相反，週期亦剛好是十二年。而術數中的神煞，很多即是根據太歲的位置而定。又如六壬術中的「月將」，原是立春節氣後太陽躔娵訾之次而稱作「登明亥將」，至宋代，因歲差的關係，要到雨水節氣後太陽才躔娵訾之次，當時沈括提出了修正，但明清時六壬術中「月將」仍然沿用宋代沈括修正的起法沒有再修正。

由於以真實星象周期的推步術是非常繁複，而且古代星象推步術本身亦有不少誤差，大多數術數除依曆書保留了太陽（節氣）、太陰（月相）的簡單宮次計算外，漸漸形成根據干支、日月等的各自起例，以起出其他具有不同含義的眾多假想星象及神煞系統。唐宋以後，我國絕大部分術數都主要沿用這一系統，也出現了不少完全脫離真實星象的術數，如《子平術》、《紫微斗數》、《鐵版神數》等。後來就連一些利用真實星辰位置的術數，如《七政四餘術》及選擇法中的《天星選擇》，也已與假想星象及神煞混合而使用了。

隨着古代外國曆（推步）、術數的傳入，如唐代傳入的印度曆法及術數，元代傳入的回回曆等，其中我國占星術便吸收了印度占星術中羅睺星、計都星等而形成四餘星，又通過阿拉伯占星術而吸收了其中來自希臘、巴比倫占星術的黃道十二宮、四大（四元素）學說（地、水、火、風），並與我國傳統的二十八宿、五行說、神煞系統並存而形成《七政四餘術》。此外，一些術數中的北斗星名，不用我國傳統的星名：天樞、天璇、天璣、天權、玉衡、開陽、搖光，而是使用來自印度梵文所譯的：貪狼、巨

門、祿存、文曲、廉貞、武曲、破軍等，此明顯是受到唐代從印度傳入的曆法及占星術所影響。如星命術中的《紫微斗數》及堪輿術中的《撼龍經》等文獻中，其星皆用印度譯名。及至清初《時憲曆》，置閏之法則改用西法「定氣」。清代以後的術數，又作過不少的調整。

此外，我國相術中的面相術、手相術，唐宋之際受印度相術影響頗大，至民國初年，又通過翻譯歐西、日本的相術書籍而大量吸收歐西相術的內容，形成了現代我國坊間流行的新式相術。

陰陽學──術數在古代、官方管理及外國的影響

術數在古代社會中一直扮演着一個非常重要的角色，影響層面不單只是某一階層、某一職業、某一年齡的人，而是上自帝王，下至普通百姓，從出生到死亡，不論是生活上的小事如洗髮、出行等，大事如建房、入伙、出兵等，從個人、家族以至國家，從天文、氣象、地理到人事、軍事，從民俗、學術到宗教，都離不開術數的應用。我國最晚在唐代開始，已把以上術數之學，稱作陰陽（學），行術數者稱陰陽人。（敦煌文書、斯四三二七唐《師師漫語話》：「以下說陰陽人謾語話」，此說法後來傳入日本，今日本人稱行術數者為「陰陽師」）。一直到了清末，欽天監中負責陰陽術數的官員中，以及民間術數之士，仍名陰陽生。

古代政府的中欽天監（司天監），除了負責天文、曆法、輿地之外，亦精通其他如星占、選擇、堪輿等術數，除在皇室人員及朝庭中應用外，也定期頒行日書、修定術數，使民間對於天文、日曆用事吉凶及使用其他術數時，有所依從。

我國古代政府對官方及民間陰陽學及陰陽官員，從其內容、人員的選拔、培訓、認證、考核、律法監管等，都有制度。至明清兩代，其制度更為完善、嚴格。

宋代官學之中，課程中已有陰陽學及其考試的內容。（宋徽宗崇寧三年〔一一零四年〕崇寧算學令：「諸學生習……並曆算、三式、天文書。」「諸試……三式即射覆及預占三日陰陽風雨。天文即預

定一月或一季分野災祥，並以依經備草合問為通。」

金代司天臺，從民間「草澤人」（即民間習術數人士）考試選拔：「其試之制，以《宣明曆》試推步，及《婚書》、《地理新書》試合婚、安葬，並《易》筮法，六壬課、三命、五星之術。」（《金史》卷五十一・志第三十二・選舉一）

元代為進一步加強官方陰陽學對民間的影響、管理、控制及培育，除沿襲宋代、金代在司天監掌管陰陽學及中央的官學陰陽學課程之外，更在地方上增設陰陽學課程（《元史・選舉志一》：「世祖至元二十八年夏六月始置諸路陰陽學。」）地方上也設陰陽學教授員，培育及管轄地方陰陽人。（《元史・選舉志一》：「（元仁宗）延祐初，令陰陽人依儒醫例，於路、府、州設教授員，凡陰陽人皆管轄之，而上屬於太史焉。」）自此，民間的陰陽術士（陰陽人），被納入官方的管轄之下。

至明清兩代，陰陽學制度更為完善。中央欽天監掌管陰陽學，明代地方縣設陰陽學典術，各縣設陰陽學訓術。陰陽人從地方陰陽學肄業或被選拔出來後，再送到欽天監考試。（《大明會典》卷二二三：「凡天下府州縣舉到陰陽人堪任正術等官者，俱從吏部送（欽天監），考中，送回選用；不中者發回原籍為民，原保官吏治罪。」）清代大致沿用明制，凡陰陽術士之流，悉歸中央欽天監及地方陰陽官員管理、培訓、認證。至今尚有「紹興府陰陽印」、「東光縣陰陽學記」等明代銅印，及某某縣某某之清代陰陽執照等傳世。

清代欽天監漏刻科對官員要求甚為嚴格。《大清會典》「國子監」規定：「凡算學之教，設肄業生。滿洲十有二人，蒙古、漢軍各六人，於各旗官學內考取。漢十有二人，於舉人、貢監生童內考取。」學生在官學肄業、貢監生肄業或考得舉人後，經過了五年對天文、算法、陰陽學的學習，其中精通陰陽術數者，會送往漏刻科。而在欽天監供職的官員，《大清會典則例》「欽天監」規定：「本監官生三年考核一次，術業精通者，保題升用。不及者，停其升轉，再加學習。如能黽

心一堂術數古籍珍本叢刊

勉供職，即予開復。仍不及者，降職一等，再令學習三年，能習熟者，准予開復，仍不能者，黜退。」

《大清律例・一七八・術七・妄言禍福》：「凡陰陽術士，不許於大小文武官員之家妄言禍福，違者杖一百。其依經推算星命卜課，不在禁限。」大小文武官員延請的陰陽術士，自然是以欽天監漏刻科官員或地方陰陽官員為主。

官方陰陽學制度也影響鄰國如朝鮮、日本、越南等地，一直到了民國時期，鄰國仍然沿用着我國的多種術數。而我國的漢族術數，在古代甚至影響遍及西夏、突厥、吐蕃、阿拉伯、印度、東南亞諸國。

除定期考核以定其升用降職外，《大清律例》中對陰陽術士不準確的推斷（妄言禍福）是要治罪的。

術數研究

術數在我國古代社會雖然影響深遠，「是傳統中國理念中的一門科學，從傳統的陰陽、五行、九宮、八卦、河圖、洛書等觀念作大自然的研究。……傳統中國的天文學、數學、煉丹術等，要到上世紀中葉始受世界學者肯定。可是，術數還未受到應得的注意。術數在傳統中國科技史、思想史，文化史、社會史，甚至軍事史都有一定的影響。……更進一步了解術數，我們將更能了解中國歷史的全貌。」（何丙郁《術數、天文與醫學中國科技史的新視野》，香港城市大學中國文化中心。）

可是術數至今一直不受正統學界所重視，加上術家藏秘自珍，又揚言天機不可洩漏，「（術數）乃吾國科學與哲學融貫而成一種學說，數千年來傳衍嬗變，或隱或現，全賴一二有心人為之繼續維繫，賴以不絕，其中確有學術上研究之價值，非徒癡人說夢，荒誕不經之謂也。其所以至今不能在科學中成立一種地位者，實有數因。蓋古代士大夫階級目醫卜星相為九流之學，多恥道之；而發明諸大師又故為恍迷離之辭，以待後人探索；間有一二賢者有所發明，亦秘莫如深，既恐洩天地之秘，復恐譏為旁門左道，始終不肯公開研究，成立一有系統說明之書籍，貽之後世。故居今日而欲研究此種學術，實一極困難之事。」（民國徐樂吾《子平真詮評註》，方重審序）

現存的術數古籍，除極少數是唐、宋、元的版本外，絕大多數是明、清兩代的版本。其內容也主要是明、清兩代流行的術數，唐宋或以前的術數及其書籍，大部分均已失傳，只能從史料記載、出土文獻、敦煌遺書中稍窺一鱗半爪。

術數版本

坊間術數古籍版本，大多是晚清書坊之翻刻本及民國書賈之重排本，其中豕亥魚魯，或任意增刪，往往文意全非，以至不能卒讀。現今不論是術數愛好者，還是民俗、史學、社會、文化、版本等學術研究者，要想得一常見術數書籍的善本、原版，已經非常困難，更遑論如稿本、鈔本、孤本等珍稀版本。在文獻不足及缺乏善本的情況下，要想對術數的源流、理法、及其影響，作全面深入的研究，幾不可能。

有見及此，本叢刊編校小組經多年努力及多方協助，在海內外搜羅了二十世紀六十年代以前漢文為主的術數類善本、珍本、鈔本、孤本、稿本、批校本等數百種，精選出其中最佳版本，分別輯入兩個系列：

一、心一堂術數古籍珍本叢刊
二、心一堂術數古籍整理叢刊

前者以最新數碼（數位）技術清理、修復珍本原本的版面，更正明顯的錯訛，部分善本更以原色彩色精印，務求更勝原本。并以每百多種珍本、一百二十冊為一輯，分輯出版，以饗讀者。

後者延請、稿約有關專家、學者，以善本、珍本等作底本，參以其他版本，古籍進行審定、校勘、注釋，務求打造一最善版本，方便現代人閱讀、理解、研究等之用。

限於編校小組的水平，版本選擇及考證、文字修正、提要內容等方面，恐有疏漏及舛誤之處，懇請方家不吝指正。

心一堂術數古籍　珍本　叢刊編校小組
整理

二零零九年七月序
二零一四年九月第三次修訂

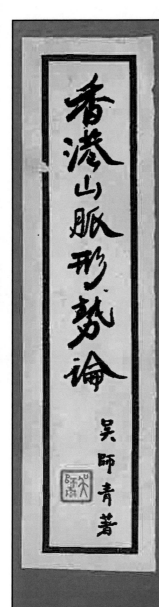

香港山脈形勢論

吳師青著

吳師青先生著

論不離經

鄧肇堅敬題

三

樓宇寶鑑出版啓事

此書爲我國古天文學家、吳師青先生所著。宏博精純、匠心獨運、爲空前陽宅書未有之善本。全書分四章。一、新製圖式代羅經。二、給法。三、評論。四、簡選。趨吉避凶、歸納元運、其建橋、開門、收水、依法而行、福應有準。最適於現代新式樓宇之用。先生以博愛之心、造兀疆之福。卷末論婚、採呂才之說、及斗臨經吉凶方位鈐圖、俾擇婚者、知吉凶之理。業已附載天體曆、兹爲普及起見、不吝重載、欲使人人能依法配婚、則五世其昌、榮華富貴矣。現值出版伊始、本公司特爲介紹。此啓。

香港中天貿易公司啓

香港山脈形勢論　　　吳師青著

世之言地學者、必主黃石而祖筠松。師青於民國十

三年、闡發青囊、天玉、寶照、之秘鑰、有地學鐵骨

秘之著。忽忽四十餘年。以經商餘暇、註釋撼龍經、

釐訂譌誤、切實分解、因文見義、朗若列眉。爲以前

讀楊公書者、破其癥結、而豁其心胸。茲復本楊公心

法眞傳、而論次本港山脈形勢。

從來地學家、鮮有論述本港者。學者雖欲稽攷、其

道無由。夫有一方之山水、則有一方之人物。是故觀

山水之廣大、出人必度量恢宏。山水逼窄、出人多襟

懷狹隘。水聚而知其財貨豐盈、山飛而知其人民稀散

。此乃山水性情形勢之使然、而不能踰越其範疇者也

。余爲粵人、居港有年。徧歷山川、弢其形勢。時有

所得、筆之於書、以備采風攬勝者之觀摩。傲帚自珍

、或無譏焉。

撼龍經曰、須彌山是天地骨。論中國山脈者、以此

爲鼻祖。蓋喜馬拉雅山、古稱崑崙、高出海面二九二

○○呎、當日視爲世界第一高峯也。爲亞洲山脈之脊

、分中東西三大幹。經曰、惟有南龍入中國。南龍者

、中幹也。西北一幹、直走崆峒、縱橫西域。東幹入

朝鮮、與日本相接。今觀香港山脈、上溯南幹、其次

梅嶺摩星、又其次則廣東白雲粵秀。經之所謂胎宗孕

祖來奇特者此也。夫南幹爲天下最富庶之龍、廣東爲

南幹最富庶之省、而香港爲南幹最富庶之商埠。明夫

此、則山川之廻環曲折、纚纚如貫珠、無難指數焉。

攷南幹自西東下、劈分西江北江兩枝而入粵、撼龍經

曰、分枝劈脈縱橫去、氣血勾連逢水住。脈分而水隨

、水住而脈聚也。故西江一支、從四川經雲南貴州、過湖南廣西。以肇慶為近脈、幹氣直趨新會。諸水大滙於銀洲湖、不止二千里來源、去厓門為水口。西江到頭作勢、起大小笄雞盞尖。（破軍廉貞）乃跌大峽、起綠湖屏、出圭峯山、（破軍變貪狼龍）結新會城。北江一支、從四川經湖北過江西至南雄。（梅嶺）以南韶連為來脈、幹氣直達粵城、諸水大滙於白鵝潭、千里來源、去虎門為水口、北江到頭作勢、起洞旗峯、（貪狼星）出白雲山、（祿存帶貪狼）結省城。就兩龍幹

氣而論、西龍出西樵山、以獻秀而朝白雲。北龍不獻

秀而朝圭峯。白雲居艮、西樵居坤、坤屬艮龍玄竅、

關竅相通、賓主相對、北龍可統西龍、故省治屬北而

西為縣也。

撼龍經曰、大為都邑帝王州、小為郡縣君公侯。援

此而論兩江之龍、可為證助矣。吾粵在秦漢時、則有

尉佗建號歸藩、創開王霸史蹟、粵台屹立、千有餘年

。至五代劉龑建國、傳四主、歷六十八年、荔子灣頭

、昌華故苑、猶留勝蹟。論人才則有唐代張曲江、為

三　吳師青著

開元名相、風度冠古今。此皆北江主幹應運而生之最

著者也。至西江一枝、雖爲賓龍。然幹氣所鍾、圭峯

獨秀。得龍潭衛龍之水、收上流無限來源、下無點滴

疏洩、雨不盈寸、旱不涸分。撼龍經曰、衛龍之水隨

腹入、深入坎井不聞聲、此之謂也。故西龍有此、爲

北龍所無、自成垣局重結。昔唐一行僧、望圭峯黃雲

紫氣、歎曰、五百年必生聖者。果也真儒代出、明有

陳白沙、學遵孔孟、體衍程朱。清有南海朱九江、學

貫天人、體兼漢宋。先後配享聖廟、俎豆馨香。餘如

瓊州海剛峯、邱瓊山、亦儒宗之錚錚者。皆西幹之特產也。蓋山川靈氣鍾毓、其來有自、誠不虛也。

夫港龍遠溯南幹、近祖白雲、龍盡海疆、星辰應位、構成天市垣局。帝座天紀、位於半島。半島流水廻旋於三面、山陸毗連於一方。兼得貪巨武三吉之秀、湊合天然、鍾毓斯大。天下半島、往往應運而生聖賢。

在昔孔子生於山東半島、耶穌生於阿拉伯半島、釋迦生於印度半島、皆爲發揚宗教之聖人。本港九龍半島、亦破祿兼貪巨武之秀。將必有適合世界大同之聖島、

人、應運而生者、可預言焉。市樓六星、渡海過峽、拔起星峰、爲精華薈萃之所。撼龍經曰、此是海門南脈胳、貨財文武交相錯。由此觀之、將必有握經濟重權、而造成工業王國者出焉。

白雲雄渾葱秀、爲粵省羣峯之冠。而行度鬱勃、勢漸東趨。陡起三角奇峯、儼若蓮花擎出、端嚴作祖、曜協廉貞。由蓮花而跨馬鞍、粉黛千叢、迤邐連綿、揭黃旗、帶銅鼓、過內峽、至寶安而龍勢一振。梧桐山拔地而起、爲入港龍脈之少祖、其龍爲破祿行度、

落平而化輔化文。經沙頭角、麻雀、八仙、大刀岌諸

嶺、以祿文行度、南旋西折、突起大帽山、形成武曲

、開大帳、分枝劈脈。西經上塘、盡於青山之南朗。

東經獅子馬鞍西貢、盡於石屋大派。中則向南伸展、

祿輔兼行。展開帳翅、經葵涌跌斷而起黃金山。渡海

潛行、至昂船洲而露弼星。向西偏行、蜿蜒屈曲、形

若金蛇。至青洲之東、昂藏鬱勃、拔地而起香島之扯

旗山。北望傳變貪巨、東望傳變武曲、東北望則祿存

帶祿、頂冠兜鍪、下分梳齒、輔弼侍從、乃祿存帶貪

巨武之貴徵、位坤向艮、而督署居焉。北山獻秀、衆

水聚堂、明堂寬大、右砂嚴密、誠天然形勢之結晶位

置也。撼龍經曰、如君識得祿存星、珍寶連城貴無價

。又曰、明堂寬大容萬馬、富貴兒孫著錦衣、由此言

之、香港雄峙東方、爲國際工商業之集中、握世界通

商之樞紐、譽爲珠島、固其宜矣。又曰、此等星辰出

大江、中有小貪並小巨、輔弼侍從左右生、隔岸山河

遠相顧。不啻爲香島之山脉形勢言也。又曰海中洲渚

亦有山、若論龍脉應難言。不知地脉連中國、遠出山

形在海間。此又不嘗爲九龍渡海來港之行龍言也。然

以楊公之識力、猶有海中龍脈難言之歎。無怪今日之

人、以香島山脈近北、則謂龍自鯉魚門而來。又以水

來自珠江、則謂龍自大嶼山渡海。憑空臆斷、均無當

也。蓋不識渡海潛行之脈、如何相連於中國者、烏足

以言地理也哉。

撼龍經曰、五嶺分星自桂連、直至江陰大海邊。海

門旺氣連閩粵、南水兩夾相交纏。夫香港爲南幹盡龍

盡結之局、溯源珠江、百川來聚。垣列四門、星峯應

位。宜其富庶、駸駸然有駕乎西南各省者也。

撼龍經曰、大抵山形雖在山、地有精光屬土次。體魄在地光在天、識得精光眞精藝。此言善察地理者、必須先識垣局、方能盡其秘奧。玫天文志所載、天之三垣、北曰紫微、南曰太微、東北曰天市、少微西扱、此四垣所以鎮四方也。青囊經曰、天分星宿、地列山川、因形察氣、以立人紀、君臨四正、南面而治。則可知從古通都大邑、無不與星垣符合者也。觀我國河南之洛陽、陝西之關中、江左之金陵、歷代帝王建

都之所、星宿光耀、山川錦繡、勝蹟猶存、令人景仰

、此其顯然最著者也。卽如天津滬瀆、爲我國南北通

商大埠、熙來攘往、霞舉雲飛、繁盛若此、亦俱有天

然山水垣局也。

從來觀天象者、每以星垣配合分野而言。觀象圖弢

曰、赤道合地球熱帶間、以十二宮配之、中華應分奎

璧、英國應分天市。清聖祖嘗以古人以天市爲北京分

野、初疑其說。復謂細玩天球、中國去赤道二十四度

至四十度、在穀雨立夏小滿三節氣上、天市去赤道

二十四度、而又認爲古人之說有據。西方學者、論地
面與天體之分配。謂阿畢司巴臣氏、所著圖說、以黃
道之經緯與地球經緯配合、可得管轄地面經度星座及
度數。攝化尼羅氏測地均衡論、以爲地球經緯零度、
與黃道帶之白羊零度配合、則又從中天所在地而定。
又謂保羅哥司氏、建立地球各區、與天體座位分配、
尚非標準、極感困難。對於現在還有不同意見、亟待
多方研究、方可獲得天體分配地區管轄之方法。以上
所舉、古自古、今自今、中外殊致。余論港九垣局、

但依楊公經旨、不談分星定野。在天成象、在地成形

、均以山形水勢定之。庶乎可免附會穿鑿之譏。

撼龍經曰、垣有四門號天市。又曰、百源來聚天市

垣。援此以本港山川形勢、配合天市垣。天市垣者、

天帝之泉府也。位臨艮地、中有帝座。天紀九星、東

北廻環。市樓六星居南。東有五星為斗、四星為斛。

西有二星名帛度。垣牆兩扇、左右列宿各十四、不屬

於四門矣。余僑港多年、閒常攬其星峯、按其方向、

如大帽山之高入雲霄、允符帝座。八仙嶺與燈籠、白

雲、大刀岌、大瀝、麻雀、鷄公、笏鷄、大羅諸山、

羣峯肅穆、左右班聯、眞不啻天紀九卿。港方扯旗山

、柏架山、與南丫島、青衣、鳳凰、大嶼、一帶、儼

若崇墉傑構、正屬當門市樓。右有青山、九徑、聯成

一串、實爲帛度。左有龍嶺獅峯、炮台、馬鞍、大藍

、石屋、蛇頭、橘樹、大魚、各山、參錯其間、爲斗

爲斛。天市之四門也。珠江滙西南眾流、浩浩湯湯、

隨龍東注。天市之百源也。雖星座有廣狹、垣宿有參

差、不能從板定刻劃。苟能融會貯通、自有天然湊合

之奧妙。若夫論垣局以辨機祥、參以經星主占、星學
預言。天市垣、國市也、主權衡、聚民衆、爲商賈繁
盛交易之所。天紀、秉鈞衡、肅紀綱、而齊秩序。市
樓定市價、縉紳來、其陽爲金錢、其陰爲珠玉、萬方
輻輳、而寶藏興焉。斗斛豐盈、民生自裕。帛度量平
、商人不欺也。先哲有言、以人爲鑑、美惡畢呈。師
青今將垣局揭出、則現在之趨勢、可資爲證。將來之
發展、亦可得而言焉。港九星垣、推尊大帽。莊嚴璀
燦、實冠羣倫。八仙諸峯、廻環帝座、揆之天紀、位

盡公卿、洵足屏藩我后。古制三公幷列、大尉掌全國

之兵、職權尤重。泉府精華、薈萃市樓、所謂陽金陰

玉、輦來胥在於此。南丫、大嶼兩島、將來樓宇連雲

、層層金碧、可爲萬國互市之商塲。若論青山、九徑

帛度、占經謂度量平、民不欺、從農民交易立言。然

帛者、爲繪爲綢爲布、度者、出品多而不可以度計也

。此方星應、不在農業而在紡織、前途工業振興、發

展未可限量。環繞帝座之斗斛、占經謂斗與斛、爲歲

熟糧豐、農民自裕。如獅子山、馬鞍山、九龍嶺、石

屋、大魚、二星主應、豈只爲礦產農林之區、其富庶必有長足進展。此斗斛之不量粟粒而量珠玉者在此也。以撼龍經之察行度、辨九星、瞻彼垣局、四美具矣。

若夫辨元運、論挨星、分順逆、定盛衰、此又不可不知。天玉經曰、干維乾艮巽坤壬、陽順星辰輪。支辰坎震離兌癸、陰卦逆行取、分定陰陽歸兩路、順逆推排去、知生知死亦知貧、留取教兒孫者。乃我國地學、推算山川氣運之秘訣。余有圖說、詳載所著地學

鐵骨秘中、可資參攷。總觀全局、綴以韻言。

港上星辰我欲探、游龍夭矯歷巉巖。紆廻起伏多傳

變、撥盡沈沙渡海尋。昂船洲裏潛行跡、文曲委蛇右

弼兼。知吾道眼高懸處、他日相逢一駐襜。五分破祿

二文廉、武巨貪狼亦占三。武主富兮巨主貴、貪尤富

貴不平凡。若從破祿廉文論、爲凶爲吉尚須參。天下

山山多破祿、三吉相隨作貴談。旗山主曜勢尊嚴、座

擁西南祿帶貪。萬方輻輳冠裳集、應運雄飛具爾瞻。

一九六四年一月出版

香港山脈形勢論

著作者：吳　師　青

出版者：中天貿易公司

承印者：強　華　印務

如何應用日景羅經

吳師青著

如何應用日景羅經

心一堂術數古籍珍本叢刊　堪輿類

如何應用日景羅經目次

如何應用日景羅經序

磁石之性、我國在數千年前、即能利用之而製指南車、車上仙人、手隨向轉而指南者、因磁石納於仙人掌內、安置仙人於針頂上、而使其掌常指南也。磁化之法、以我國發明爲最早、可斷言也。宋代司南儀之製作、由焠火以賦磁性而成、沈括謂方家以磁石爲針、亦爲一徵、或謂西方羅盤由波斯人與阿拉伯人以定航船方向而創製、不知我國古代、早有羅盤、中置磁針於磁毗連之圈中、內一圈刻八卦、外一圈刻地支、再外一圈刻十二生肖形體、用以測定南北之子午距離方向。惟是磁針指南、並非天上正南、且現代建築物、均賴鋼筋、更因車輛飛機艦艇等交通工具之響影、磁針受其吸

引、不免誤差更大。若堪輿家之觀墓相宅、仍以羅針為指歸、則南

轅北轍、不啻天淵之別矣。吳師青先生有鑒於此、而有日景羅經之

創製、並附用法、推定廿載格林時角、與黃赤距度簡表、俾施用者

易於計算、堪稱利便、祇要知當地北緯高下、赤緯南北、同名異

名、東加西減、轉為當地時角、便可得天體子午真線、誠辨方定向

之真訣也。我友吳君師青、自民國十三年以還、先後著有「地學鐵

骨秘」、「撼龍經真義」、「樓宇寶鑑」、「香港山脈形勢論」、

「天體曆彙編」、「中國七政四餘星圖析義」諸書、蔚為大觀、可

謂學究天人、名貫中西、誠為我國古天文學之最有權威者矣。今值

如何應用日景羅經一書出版、屬序於余、謹書此以歸之。

中華民國五十九年（一九七零年）夏月

　　　　　　　　　　　　　　　　　　陳孝威謹識

如何應用日景羅經

吳師青著

羅經指南針誤差考證

羅經之制、其源甚遠、始於古代指示方向之指南車、宋史輿服志稱、指南車一名司南車、赤質、兩廂畫青龍白虎、四面畫花鳥樓臺、勾欄鏤拱、四角垂香囊、上有仙人、車雖轉而手常指南、仁宗天聖五年、工部郎中燕肅上奏、畧言黃帝與蚩尤戰於涿鹿之野、大霧迷濛、軍士不知所向、帝遂作指南車、定其方向、而擒蚩尤、周成王時、越裳氏捧琛重譯來朝、使者失道、周公以指南車導其回國、其後製法不傳、漢張衡魏馬鈞繼作之、屬世亂離、其器不存。

宋武帝在長安、嘗爲此車，而制不精、祖冲之亦復造之、後魏太武帝使郭善明造車、彌年不就、使扶風馬岳造之、垂成、善明忌而鴆之、其法遂絶。

按宋史所述指南車沿革、其詞甚簡、而於指南之理、未嘗涉及、所謂上有仙人、車雖轉而手常指南、是磁石所發生之作用、其理乃基於磁機之常、磁機之制、其法極便、如用絨料包裹銅絲、纏繞小鋼條百餘週、再將銅絲之兩端、接連電池陰陽二極、磁氣即由電氣通過銅絲、傳繞鋼條、而成爲磁機、故用細銅條一枝、以絲線系其中間、懸於空際、即無一定之方向、如將條之兩端、與磁機之兩端相磨擦、必指南北而成定向、惟此爲商用製造磁鐵法、屬於暫時磁體耳。

關於司南之記錄、在公元前韓非子有度篇所載、此爲最早、戰

國末呂覽所稱、鉄有慈母懷子之文、卽言磁石有吸針之力、有如慈

母不離其子於懷也、慈與磁同音、可以通用、由此觀之、可知磁石

之發現、磁石之吸鉄、與磁鉄能指南北極之觀察、與在司南製造之

先、玆司南之製、以天然磁石琢磨成爲勺形、大小與湯匙畧同、所

異者、匙底爲平面、司南之底則爲球形、能在平滑之物體上、自由

轉動、用青銅方盤、盤週刻有干支、以定方向、盤之中央、有直徑

光滑之核心、球底之勺、放置此核心上、卽能轉動地磁塲之南北停

止、宋仁宗時、又有指南魚之製、由勺形之司魚、在銅盤上轉動之

形式、改爲魚形、磁鉄在水上浮動、避免磨擦、轉動較前靈敏、卽

當時已有磁鉄化之智識、由天然之磁石、改進爲人工之磁鉄、以磁

片剪成魚形、焠之以火、可浮水面、以指南北也。

至於王趙卿論針法、謂虛危之間針路明、南方張宿度三乘、則徒執虛危之間爲定規、而不攷列宿歲差之度數、胡可得也。又如胡國禎「羅經解定」謂用針之際、須正心誠意、端放羅盤、執針在手、叩齒三聲、默咒曰：天有三奇、地有六儀、精靈奇怪、故氣伏屍、黃砂赤土、瓦礫墳墓、方廣百步、隨針見之、咒畢下針、針必正、四維克張、造化莫遁矣、故神其事、莫測高深、抑何可笑、其中所謂順逆、更屬無稽、堪輿四大名家之廖瑀、謂金針畏火、不敢指於正南、以南方屬火、火能尅金、故畧偏於丙午之間、廖氏當時逆、昃、正、以正爲順、其餘爲逆、氣吉作順、氣凶作逆、天心既三擲、或七擲爲準、始可以驗。八針之氣、曰搪、兌、欺、扰、沉、

未明磁極影響偏差、欲求其理而不得、徒言金針畏火耳。

磁針誤差之論、古今中外、皆已知之審矣、西方學者、將理論

與實際、互相結合研究、對於羅針、有所改進、十八世紀中葉、羅

蒙諾索夫、曾提議製一大羅盤、以便紀錄磁針在船行過程中、方向

之微小偏差、羅又曾提議、預備一自記羅盤、使能自動記錄航程之

變更、在十九世紀船之製造、用鉄爲軀幹、以致羅盤指針、發生偏

角之差點、故名之爲「羅經差」、船在航行時、決定方向之偏角

圖、往往因失去作用、且易招致船舶遇險、嗣經多方研究、始利用

永久磁體、與軟鉄塊、安放在船上羅盤相互間之準確位置、使與船

各個方向之羅經差數值相適應、其法爲船在港內時、先按不同之各

方向、掉頭行駛一次、同時用特製之磁強針、量出船上之磁強度、

以確定各個羅經差數值、然後以永久磁體、與軟鉄塊、按一定規

矩、放置於羅經近旁、以正羅針之差值、如是措施、誠非易事、但

亦非堪輿家之所適用也。

　西洋講羅經之學、見於十三世紀、在羅盤發明後若干年間、有

人發現磁針所指之方向、非地球之正南與正北、因羅盤磁北向地球

北極、相差之角、名曰磁偏角、磁偏角有無固定性、初尚不明、迄

至一四九二年、科崙布去美洲時、中途發現亞連爾羣島附近某處、

偏角爲「零」、始知磁偏角之因地而異。

　現據一九六八年、英國愛丁堡大學地理系、屈臣教授所編在哥

連斯朗文、聯合出版之「高級地圖集」、地磁北極、約位於北緯七

十五度、西經一百零一度、卽在巴塞斯的島之西南岸、墨爾維兒子

爵海峽中、其南爲威爾斯王子島、此地磁北極、不斷地在加拿大北

極地帶中部、作慢性移動、在一九四六年、其位置爲北緯七十四

度、西經九十六度、卽在森麥色的島上西部海岸、此種移動、造成

羅經之正北、與地球之北極之偏差、若羅盤所在地之北緯度數大、

則其偏差亦大、例如在倫敦、其北緯約爲五十二度、相當於中國黑

龍江省之極北地區、於一八○二年、指南針所指之北方、約在地球

北極之西二十四度、在一九六二年、則約在其西八度、在香港北緯

廿二度、以其緯度之數較低、故偏差角度尚小、根據英國政府一九

六四年十二月在香港舉行之空中測量、而於一九六八年發表之新香

港分區地形圖、一九六五年度之偏差、約爲一度十九分、（卽地

磁北極、在地球北極西面一度十九分）、而每年之移動、在香港預

測、約為向西移動一分、至於南極地磁之位置、一向未能較定準確指出者、因探險家對南極洲之認識時間尚短、在一九四一年、相信南極地磁、位於南緯七十度、東經一百四十九度之澳洲屬土、英皇佐治第五世領地、一九五五年移至南韓六十八度、東經一百四十三度、而於一九六二年、則移至聯邦海岸、在南韓七十六度、東經一百四十二度、向法屬之愛德黎地方之科學研究站接近。

我國舊傳之地理大成「羅經解」正針丙午之間、為天極之子午、正針午丁之間、為日影之子午、日影之子午、為日木針一百二十分金、皆非也。須知地磁子午、與地理子午攸分、有謂以羅針正北、可對正極星、亦非也。盖地理子午、由地軸伸至極星、極星即為天球之正北、雖有偏差、尚屬微小、國際天文曆書、每年對於極

星位置、均有報告。人人皆可通曉也。我國堪輿之學、非理氣不為

功、而理氣之機、皆由於考象、考象之法、全在測天、若昧測天之

術、則鹿馬不分、菽麥不辨、何由定其方位、而論吉凶耶。至於鋼

鐵影響自差、亦當注意、試將普通羅經相宅、在新式樓宇內、及新

式樓宇外、互相比較、則度數相差之巨、昭然若揭矣。

古之正向辨方法

古法測影辨方、多以日出日沒、而推測定向。但一年三百六十

五日中、太陽從正東方而出、從正西而落、只有春分秋分兩節。須

知太陽週年視行之路線、乃為黃道與天球相交之點、大約二十三度

三十分。在黃道上、春、夏、秋、冬、四季、各有不同、其日出日

沒位置亦異。而黃道與赤道之交點、則爲春分、秋分兩點、若以

測影辨方、一年之中、非所常見者也。春分過後、則太陽每天從黃

道漸向北偏移、是出於東北、而落於西北。直至夏至、太陽則在東

北升起、在西北降落。一過夏至、太陽升起位置、每天接近東方、

日落位置、每天接近西方。直至秋分、則日又出於正東、而落於正

西矣。秋分過後、日出日落位置、則漸離開東方與西方、而偏向東

南與西南。一到冬至、太陽在東方與南方之間升起、而在西方與南

方之間降落。以後太陽直射點、每天向北移動。直至春分、日出日

落又從正東正西矣。人之所處緯度高低不同、而日出日落又自發生

變化、除春分秋分兩季節之外、其餘皆未得其眞確。若以大體而

言、春天與秋天、太陽自東落西。夏天太陽出東北、落西北。冬天

太陽出東南落西南。總而言之、每天正午時間、一切直立物體、其影最短、卽爲太陽最高之位置。對於北回歸線以北之地區而論、卽是吾人頭頂之正南、謂曰日中爲南。但在夏至時、北回歸線以南之地區、或在春分以後、秋分以前。赤道以南之地區、或者任何時候、在南回歸線以南之地區、所看到太陽最高時、在天空位置、實在吾人頭頂之北方。不管太陽最高時、在頭頂之南、或在頭頂之北、只看物體之影最短時爲準。但欲辨別物體之影如何爲最短、實非我人眼睛中所易觀察。必須以日景羅經或圓規針表座、照法施用方能準確眞正子午、圓規針表座用法、詳圓規針表座圖下端。此法我國天文學家高平子謂：希臘天文家亦用之、現代天文測量猶用其意「據考工記」、則我國亦自古用之、如高厚蒙求、選擇絜要、天

文綜要等書、記載頗詳、謂古人正方辨向祇用土圭、說者謂古無羅

經、故定以日影、不知指南肇自軒轅、由來已久、而不用羅經、蓋

亦有見乎羅經之製、有未盡善之故耳。至於擇日諏時、以羅經爲各

事之準繩者、其趨吉避凶、顧亦不可不愼者也。

日景羅經之特色

日景羅經、其特點爲不受任何鋼鐵之影響、蓋因舊式羅經、磁

針所指子午、非眞正天之南北子午、乃地磁之子午也。梅文鼎曰：

「天上正南、非羅針所指之南」、又謂：「針之所指、隨處不同、

不可不知」。此與現代磁極有移動、星曜有歲差、東經西經、南緯

北緯、隨地偏差不同之說相符、誠哉言也。（梅文鼎、清宣城人、

精算學天學、著有天算書八十餘種。）時至今日、人爲之變動、與時俱進、都市之樓宇、地面之車輛、海上之艦艇、空中之飛機、無一不與鋼鐵有關。則由其感應自差之影響、更足驚人、試與偏差並計、則舊式羅經、根本已失效用矣。以故、如其地區、並無自差存在、或自差微小、僅於東經北緯二十五度以下、磁偏差一至二度有奇、如在香港北緯廿二度、磁偏差約爲一度廿五分西、台北、緯度二十四度五十八分、磁偏差約爲一度五十四分、花蓮一度廿六分、恒春一度三分、澎湖一度二分之類、則以一卦管三山之宅法論宅、尚可權用。但在北緯廿五度以上之地區、則宅法亦不可用矣。至論墓地、更差之毫釐、失之千里、雖在北緯廿五度以下、亦決不能權用。若在西經低緯零度附近、磁偏差已有五度至二十度之巨、高緯

四十度以上、則更有廿五至五十度之巨差、如用舊式羅經、正如梅

氏所言、針之所指、隨處不同。若再加以鋼鐵影響、而發生自差、

則不僅眞子午之難求、東西方向亦將失據矣。觀此可知舊式羅經其

不能作爲準天體眞子午、其理甚明、無待申說。余今所製日景羅

經、根據太陽眞方位、投影於對宮度數、旣可確定天體眞子午、與

地理眞方向。又可避去自然界之威脅、更能符合地磁之偏差、較磁

傾儀量測、更有把握。因儀針尚須防有自差之弊、而此日景羅經、

則純以太陽投影度數爲基點、矯枉歸正、法簡用宏、此爲師青積數

十年之經驗、而願公之於世者也。茲將用法詳釋如下：

日景羅經之用法

用者先查地方經度、推算太陽格林時角、東加西減、轉為地方時角、然後查黃赤距度簡表、知是時屬赤緯南、抑赤緯北度數、及南北緯之高下、則可查閱太陽眞方位表、表中之同名異名、亦須分別、如北緯地區、是時屬赤緯北者、爲同名。屬赤緯南者、爲異名。然後以地方時角、查對太陽方位角表度數、是時應屬何度、再將羅經朝北、樹立針表、以水平尺準之、使表針投影、指正太陽方位之對宮度數、則該日景羅經中之子午線、爲天體之眞子午線也、如在北緯地區之方位、上午須由北數至東、下午由北數至西。南緯地區：上午須由南數至東、下午由南數至西。又須知太陽方位在東、取影必在西。方位在西、取影必在東。

推地方時角法

地方太陽時角、乃由格林太陽時角、以經度東西加減而產生、
如在東經、香港地方平時、上午十時、即從十時中減去標準時八
時、便合於格林平時之上午二時、反之、如格林平時上午二時、即
爲香港平時上午十時、然後以格林平時之太陽時角、加香港經度一
百一十四度十分、則爲香港地方時角矣。再將此時角、查北緯廿二
度之太陽眞方位表、但須先查黃赤距度簡表、知當時係赤緯南或赤
緯北度分、則知當時太陽之方位、應在何度。然後再將羅經中所立
之表、使其表影指射太陽所值方位對宮之度、則日景羅經中之子午
線爲眞子午線矣。其餘三百六十度、亦均如此。又如西經溫哥華地

方、平時上午十時、加標準時八時、則爲格林平時十八時（下午六時）、反之、在格林平時下午八時、則爲溫哥華上午十時、然後以格林平時十八時之太陽時角、減溫哥華之經度一百二十三度、如不足減時、則加三百六十度後再減、則爲溫哥華地方之時角矣。再將此時角、查觀北緯四十九度之太陽方位角表、及黃赤距度簡表、當時屬赤緯南或赤緯北度分、則知當時太陽方位角應在何度、然後將羅經中所立之表、使其表影指射於太陽方位角對宮之度、則日景羅經中之子午線、爲眞子午線矣。其餘三百六十度、亦均如此。

論格林時角

按格林太陽時角、乃係劃一不變之度數、其增減極微、每日均

由格林平時之零時至二十三時、分別計出分數、國際按年出版之天文曆書、計算雖極精審、然偏僻地區、購書非易、故特製未來廿年格林太陽時角簡表、及黃赤距度簡表、用者查表計算、卽可得正確之方向、縱有加減、其數亦微、普通研究地學者、無須修正也。又凡時角如在一百十八度、及三百六十度之間、亦可由三百六十度減之。

古天文學家

吳師青先生名著

樓宇寶鑑 （第二版出版）

香港 中天貿易公司 啓

香港郵政總局信箱一六〇一三號

吳師青著

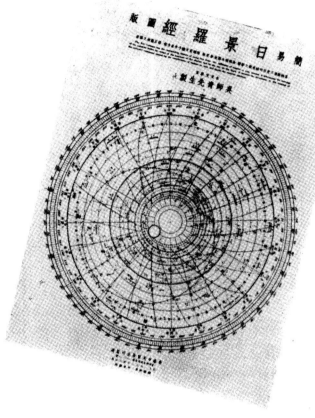

簡易日景羅經圖版

吳師青先生製

星 座 式

簡易日景羅經圖版、體積長十一吋二分、濶八吋三分、厚六分。可用柚木製造、中繪星座式圖。中心設配銅質圓形小孔、以備竪立表針、右壁螺絲小洞、爲裝表針及水平尺之用、堪稱簡易。

【附註】在「樓宇寶鑑」現在新出、第二版書面上、印有此「日景羅經圖」、可作「日景羅經」代用。如相宅者、未有「日景羅經」、可向本公司購買小型銅針座、用法與「日景羅經」同、惟須較正水平、并熟閱「如何應用日景羅經」一書。

圓　規　式

圓規針表座用法

每天在上午十一時左右、移桌於有日光之處、安置圓規針表座於沙盤之上、朝北、然後將表針插於銅針座小孔上、較準水平、視其針端日影、出入圓規之處、凡影切六、五、或四、三、二、一、圓規界時、以尖墨筆識之、俟午後日影伸長至一、二、三、四、或五、六、圓規界時、亦識之、然後擇其兩距相等之同一圓規者、將羅針眞子午線晷之子午中線、折取其中、則晷上之子午、及廿四山、與三百六十度均眞矣。施用時以上午十一時左右為宜、但須費三二小時。

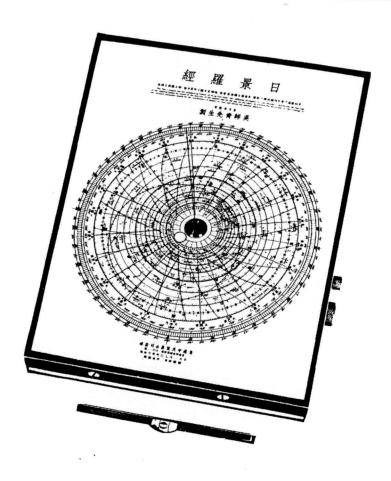

星座式

精製日景羅經，體積長十一吋二分，濶八吋三分，厚六分。用積層電木製成，週鑲銅邊，中繪星座式圖。以透明膠片蓋面，中心設配銅質圓形小孔，以備豎立表針。右壁兩螺絲小洞，爲裝表針及美製水平尺之用，携帶輕便。

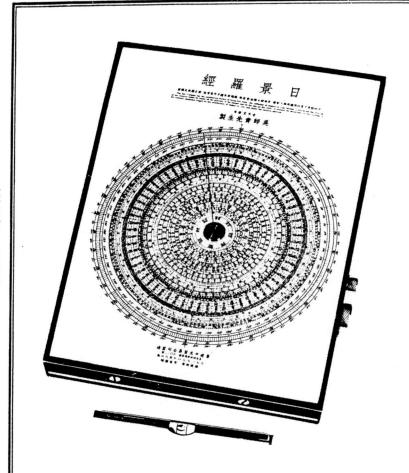

如何應用日景羅經

吳師青著

二三

易經式

精製日景羅經，體積長十一吋二分，濶八吋三分，厚六分。用積層電木製成，週鑲銅邊，中繪易經式圖。以透明膠片蓋面，中心設配銅質圓形小孔，以備豎立表針。右壁兩螺絲小洞，爲裝表針及美製水平尺之用，携帶輕便。

如何應用日景羅經　　吳師青著　　二四

北緯廿二度適用之地區：（欲採用日景羅經、須明該地區緯度、方得準確。）

【香港】　標準時八時：北緯廿二度十八分，東經一百十四度十分。

【九龍】　標準時八時：北緯廿二度廿二分，東經一百十四度六分。

【澳門】　標準時八時：北緯廿二度廿七分，東經一百十三度十分。

【巴基斯坦】　標準時五時卅分：北緯廿二度十七分，東經九十一度四十八分。

【墨西哥聖廖意波多西】　北緯廿二度零五分，西經一百度卅一分。

【西南非洲温得和克】　標準時一時：南緯廿二度廿分，東經十七度○分。

北緯二十五度適用之地區：

【台北】　標準時八時：北緯廿四度五十八分，東經一百二十一度廿二分。

【基隆】　標準時八時：北緯廿五度○分，東經一百二十二度○分。

【印度巴德拿】　標準時五時卅分：東經八十五度○一分。

【巴基斯坦喀剌蚩】　標準時五時卅分：東經六十七度○分。

【墨西哥庫里阿根】　標準時六時：北緯廿四度四十九分，西經一百零七度卅三分。

【多利安】　標準六時：北緯廿五度卅二分，西經一百零三度卅八分。

黃赤距度簡表

如何應用日景羅經

由上數下	夏至未 赤緯北 度	冬至丑 赤緯南 分	大暑午 赤緯北 度	大寒子 赤緯南 分	處暑巳 赤緯北 度	雨水亥 赤緯南 分
第一日	二三	一一	二二	一一	一九	二〇
二日	二三	一一	二二	一一	一九	二〇
三日	二三	一一	二二	一〇	一八	一九
四日	二三	一一	二二	一〇	一八	一八
五日	二二	一一	二二	一〇	一七	一七
六日	二二	一一	二二	一〇	一七	一六
七日	二二	一一	二一	〇	一六	一五
八日	二二	一一	二一	〇	一五	一四
九日	二二	一一	二一	〇	一五	一三
十日	二二	一一	二〇	〇	一四	一二
十一日	二二	一一	二〇	〇	一三	一一
十二日	二二	一一	二〇	〇	一二	一〇

	度	分	度	分	度	分
由下數上	小雪亥 赤緯南	小滿中 赤緯北	霜降卯 赤緯南	穀雨酉 赤緯北	秋分戌 赤緯南	春分辰 赤緯北

用太陽曆節氣查黃赤距度表、可得大暑。然在固定日期、常有多一天或少一天。如雨水二月廿日、春分三月廿一日、穀雨四月廿一日、小滿五月廿二日、夏至六月廿二日、大暑七月廿四日、處暑八月廿四日、秋分九月廿四日、霜降十月廿四日、小雪十一月廿三日、冬至十二月廿三日、大寒一月廿一日之類。若欲知確定日期、可查普通日曆。

吳師青著

如何應用日景羅經　吳師青著

太陽格林時角簡表

一九七○年 至 一九八九年 適用

月份／日	一月	二月	三月	四月	五月	六月	七月	八月	九月	十月	十一月	十二月	格林平時	增加度數
度分	度分	度分	度分	度分	度分	度分	度分	度分	度分	度分	度分	度分		
一日	四一一	一三七	三五八	五四二	五三六	四○六	三二五	二五六?	四七?	三一?	○五	四八	時0	一七五
二日	四○四	一三五	四○七	五四四	五三三	四○三	三二六	—	五○一	三六	○六	四三	時一	一九○
三日	三五七	一三三	四○七	五四六	五三一	四○○	三二七	—	五○六	四一	○六	四七	時二	二○五
四日	三五○	一三○	四一一	五四八	五二六	三五八	三三○	—	五一一	四五	○六	三一	時三	二二○
五日	三四三	一三○	四一六	五四九	五二六	三五六	三三○	—	五一六	五○	○五	三五	時四	二三五
六日	三三六	一二九	四二○	五五○	五二三	三五三	三三一	—	五二一	五五	○四	三九	時五	二五○
七日	三三○	一二七	四二四	五五一	五二一	三四九	三三三	—	五二六	五九	○四	三二	時六	二六五
八日	三二三	一二七	四二八	五一八	五一八	三四七	三三五	—	五三一	八○三	○三	二六	時七	二八○
九日	三一七	一二六	四三三	—	五一四	三四五	三三六	—	五三六	八○七	○三	二○	時八	二九五
十日	三一一	一二六	四三七	—	五一二	三四一	三三九	—	五四一	八一二	○二	一三	時九	三一○
十一	三○五	一二六	四四一	—	五○九	三四○	三四一	—	五四七	八一六	○○	四六	時十	三二五
十二	三○○	一二六	四四五	—	五○六	三三八	三四四	—	五五二	八一九	八五七	三九	一一	三四○
十三	二五四	一二四	四四九	—	五○三	三三六	三四五	—	五五七	八二三	八五七	三二	一二	三五五
十四	二四七	一二四	四五三	—	五○○	三三五	三四八	—	六○二	八二七	八五五	二五	一三	一○
十五	二四一	一二四	四五六	—	四五七	三三三	三五○	—	六○八	八三○	八五二	一八	一四	二五
十六	二三七	一二四	五○○	—	四五四	三三一	三五三	—	六一三	八三四	八四九	一一	一五	四○
十七	二三一	一二六	五○四	—	四五○	三三○	三五五	—	六一八	八三七	八四五	○三	一六	五五
十八	二二六	一二九	五○七	—	四四七	三二九	三五八	—	六二四	八四○	八四一	五六	一七	七○
十九	二二二	一三○	五一○	—	四四四	三二八	四○一	—	六二九	八四三	八三七	五○	一八	八五
二十	二一七	一三二	五一四	—	四四一	三二七	四○四	—	六三四	八四六	八三三	四三	一九	一○○
二一	二○八	一三五	五一六	—	四三八	三二六	四○七	—	六四○	八四八	八三○	三六	二十	一一五
二二	二○四	一三七	五二○	—	四三五	三二五	四一○	—	六四五	八五一	八二六	二九	二一	一三○
二三	二○○	一三七	五二三	—	四三二	三二四	四一三	—	六五○	八五三	八二二	二三	二二	一四五
二四	一五七	一三九	五二七	—	四三○	三二四	四一六	—	六五六	八五五	八一八	一六	二三	一六○
二五	二○七	一四○	五三一	—	四二七	三二三	四二○	—	七○一	八五七	八一四	○九		
二六	一四九	一四三	五三五	—	四二五	三二三	四二三	—	七○六	八五九	八一○	○二		
二七	一四四	一四四	五三六	—	四二三	三二三	四二六	—	七一一	九○一	八○五	四七		
二八	一四○	一四六	五三六	—	四二二	三二三	四二九	—	七一六	九○二	八○四	四二		
二九	一三七		五三六	—	四二一	三二三	四三二	—	七二一	九○三	七五九	四三		
三十	一三七		五三六	—	四二○	三二四	四三五	—	七二六	九○四	七五四	四二		
三一	一三九		五三八		四二○		四三五	—		九○五		四二○		

查表法

例如一月一日格林時角4°11″、如格林平時在○時、則增加175°、共得179°11″。一時則增加190°、共得194°11″、即為是日是時之格林時角。又如二月一日、格林時角1°37″、如格林平時○時、則增加175°、共得176°37″。一時則增加190°、共得191°37″。二時則增加205°、則為206°37″、即為是日是時之格林時角。餘類推、若欲轉為地方時角、須以當地經度、東加西減即併。

北緯二十二度與赤緯同名

赤緯時角	○度	一度	二度	三度	四度	五度	六度	七度	八度	九度	十度	十一度	十二度	十三度	十四度	十五度	十六度	十七度	十八度	十九度	二十度	廿一度	廿二度	廿三度	廿四度	赤緯時角

（表内為密排漢字數字，逐格數值因印刷模糊不能確實辨認。）

如何應用日景羅經

吳師青著

二七

如何應用日景羅經

三五

太陽眞方位（或）方位角表

北緯二十二度與赤緯同名

心一堂術數古籍珍本叢刊　堪輿類

如何應用日景羅經

吳師青著

三六

二八

北緯 赤緯	〇度	一度	二度	三度	四度	五度	六度	七度	八度	九度	十度	十一度	十二度	十三度	十四度	十五度	十六度	十七度	十八度	十九度	二十度	廿一度	廿二度	廿三度	廿四度

（表内為太陽眞方位角數值，以中文數字記載，共約三十餘行。）

太陽眞方位（或）方位角表

北緯二十二度與赤緯異名

赤緯角	〇度	一度	二度	三度	四度	五度	六度	七度	八度	九度	十度	十一度	十二度	十三度	十四度	十五度	十六度	十七度	十八度	十九度	二十度	廿一度	廿二度	廿三度	廿四度	赤緯角

太陽眞方位（或）方位角表

方位角太陽赤緯	○度	一度	二度	三度	四度	五度	六度	七度	八度	九度	十度	十一度	十二度	十三度	十四度	十五度	十六度	十七度	十八度	十九度	二十度	二一度	二二度	二三度	二四度	方位角太陽赤緯
																										北緯二十二度與赤緯異名
二六三																										
二六四	八八	九○																								九七
二六五	八八	八九	九一	九二																						九五
二六六	八九	九○	九一	九二	九三	九四	九六																			九四
二六七	八九	九○	九一	九二	九四	九五	九六	九七	九八																	九三
二六八	九一	九一	九二	九四	九五	九六	九七	九八	○○	○一	○二	○四														九二
二六九	九一	九一	九三	九四	九五	九六	九八	九九	○○	○二	○三	○四	〇五	〇七	〇八	一○										九一
二七○	九○	九一	九二	九四	九五	九六	九八	九九	○一	○二	○三	○五	○六	○七	○九	一○	一二	一四	一五	一七						九○
二七一	八八	九一	九二	九三	九五	九六	九八	九九	○一	○二	○四	○五	○七	○八	一○	一一	一三	一五	一六	一八	二○	二二	二四			八九
二七二	八八	九○	九一	九三	九四	九六	九七	九九	○○	○二	○四	○五	○七	○八	一○	一一	一三	一五	一七	一八	二○	二二	二四	二六		八八
二七三	八七	八八	九一	九二	九四	九五	九七	九八	○○	○二	○三	○五	○六	○八	一○	一一	一三	一五	一七	一九	二○	二二	二四	二六	二八	八七
二七四	八六	八八	九○	九一	九三	九四	九六	九八	九九	○一	○三	○四	○六	○八	○九	一一	一三	一五	一六	一八	二○	二二	二四	二六	二八	八六
二七五	八四	八七	八九	九○	九二	九四	九五	九七	九九	○○	○二	○四	○六	○七	○九	一一	一三	一四	一六	一八	二○	二二	二四	二六	二八	八五
二七六	八三	八五	八七	八九	九○	九二	九四	九五	九七	九九	○一	○二	○四	○六	○八	○九	一一	一三	一五	一七	一九	二一	二三	二五	二八	八四
二七七	八一	八三	八五	八七	八九	九○	九二	九四	九六	九八	九九	○一	○三	○五	○七	○八	一○	一二	一四	一六	一八	二○	二二	二五	二七	八三
二七八	七九	八一	八三	八五	八七	八九	九一	九二	九四	九六	九八	○○	○二	○四	○六	○八	一○	一二	一四	一六	一八	二○	二二	二四	二七	八二
二七九	七七	七九	八一	八三	八五	八七	八九	九一	九三	九五	九七	九九	○一	○三	○五	○七	○九	一一	一三	一五	一八	二○	二二	二四	二六	八一
二八○	七五	七七	七九	八一	八三	八五	八七	九○	九二	九四	九六	九八	○○	○二	○四	○六	○九	一一	一三	一五	一七	一九	二一	二四	二六	八○
二八一	七二	七五	七七	七九	八一	八三	八五	八八	九○	九二	九四	九六	九八	○○	○三	○五	○七	一○	一二	一四	一六	一八	二一	二三	二五	七九
二八二	七○	七二	七四	七六	七八	八一	八三	八五	八七	九○	九二	九四	九六	九八	○一	○三	○五	○八	一○	一二	一五	一七	一九	二二	二四	七八
二八三	六七	七○	七二	七四	七六	七八	八○	八三	八五	八七	九○	九二	九四	九七	九九	○一	○四	○六	○八	一一	一三	一五	一八	二○	二二	七七
二八四	六五	六七	六九	七一	七四	七六	七八	八○	八三	八五	八七	九○	九二	九五	九七	九九	○二	○四	○七	○九	一一	一四	一六	一九	二一	七六
二八五	六二	六四	六六	六九	七一	七三	七六	七八	八○	八三	八五	八七	九○	九二	九五	九七	○○	○二	○四	○七	○九	一二	一四	一七	一九	七五
二八六	六○	六一	六四	六六	六八	七一	七三	七五	七八	八○	八三	八五	八八	九○	九二	九五	九七	○○	○二	○五	○七	一○	一二	一五	一七	七四
二八七	五七	五九	六一	六三	六六	六八	七一	七三	七五	七八	八○	八三	八五	八八	九○	九三	九五	九八	○○	○三	○五	○八	一○	一三	一五	七三
二八八	五四	五六	五八	六一	六三	六五	六八	七○	七三	七五	七八	八○	八三	八五	八八	九○	九三	九五	九八	○○	○三	○六	○八	一一	一三	七二
二八九	五一	五三	五五	五八	六○	六三	六五	六八	七○	七三	七五	七八	八○	八三	八五	八八	九○	九三	九六	九八	○一	○三	○六	○八	一一	七一
二九○	四八	五○	五二	五五	五七	六○	六二	六五	六七	七○	七三	七五	七八	八○	八三	八五	八八	九○	九三	九六	九八	○一	○三	○六	○九	七○
二九一	四五	四七	四九	五二	五四	五七	六○	六二	六五	六七	七○	七二	七五	七八	八○	八三	八五	八八	九○	九三	九六	九八	○一	○四	○六	六九
二九二	四一	四三	四六	四九	五一	五四	五六	五九	六一	六四	六七	六九	七二	七五	七七	八○	八二	八五	八八	九○	九三	九六	九八	○一	○四	六八
二九三	三八	四○	四三	四五	四八	五○	五三	五六	五八	六一	六四	六六	六九	七一	七四	七七	七九	八二	八五	八七	九○	九三	九五	九八	○一	六七
二九四	三三	三六	三九	四一	四四	四七	四九	五二	五五	五七	六○	六三	六五	六八	七一	七三	七六	七九	八一	八四	八七	九○	九二	九五	九八	六六
二九五	二九	三二	三四	三七	四○	四二	四五	四八	五○	五三	五六	五九	六一	六四	六七	七○	七二	七五	七八	八一	八三	八六	八九	九二	九五	六五
二九六	二五	二七	三○	三三	三五	三八	四一	四四	四六	四九	五二	五五	五七	六○	六三	六六	六九	七一	七四	七七	八○	八三	八五	八八	九一	六四
二九七	二○	二二	二五	二八	三○	三三	三六	三九	四二	四五	四七	五○	五三	五六	五九	六二	六五	六八	七○	七三	七六	七九	八二	八五	八八	六三
二九八	一四	一七	二○	二二	二五	二八	三一	三四	三七	四○	四三	四五	四八	五一	五四	五七	六○	六三	六六	六九	七二	七五	七八	八一	八四	六二
二九九	○九	一二	一四	一七	二○	二三	二六	二九	三二	三五	三八	四一	四四	四七	五○	五三	五六	五九	六二	六五	六八	七一	七四	七八	八一	六一
三○○	○三	○六	○九	一一	一四	一七	二○	二三	二六	二九	三二	三五	三八	四二	四五	四八	五一	五四	五七	六一	六四	六七	七○	七四	七七	六○
三○一	五九	○○	○三	○六	○九	一二	一五	一八	二一	二四	二七	三○	三三	三六	三九	四二	四六	四九	五二	五五	五九	六二	六六	六九	七二	五九
三○二	五五	五六	五八	○○	○三	○六	○九	一二	一五	一八	二一	二四	二八	三一	三四	三七	四一	四四	四七	五一	五四	五七	六一	六四	六八	五八
三○三	五二	五三	五四	五七	五九	○○	○三	○六	○九	一二	一五	一九	二二	二五	二八	三二	三五	三八	四二	四五	四九	五二	五六	五九	六三	五七
三○四	四九	五○	五一	五三	五五	五七	五八	○○	○三	○六	○九	一二	一六	一九	二二	二六	二九	三三	三六	四○	四三	四七	五○	五四	五八	五六
三○五	四六	四七	四八	四九	五一	五三	五五	五七	五八	○○	○三	○六	○九	一三	一六	二○	二三	二七	三○	三四	三八	四一	四五	四九	五三	五五
三○六	四三	四四	四五	四六	四八	四九	五一	五三	五四	五六	五八	○○	○三	○七	一○	一四	一七	二一	二五	二八	三二	三六	四○	四四	四八	五四
三○七	四一	四二	四二	四三	四五	四六	四八	四九	五一	五二	五四	五六	五九	○一	○五	○八	一二	一五	一九	二三	二七	三一	三五	三九	四三	五三

心一堂術數古籍珍本叢刊　堪輿類

如何應用日景羅經

吳師青著

如何應用日景羅經

吳師青著　三一

太陽眞方位(或)方位角表

北緯二十五度與赤緯同名

時角°	一度	二度	三度	四度	五度	六度	七度	八度	九度	十度	十一度	十二度	十三度	十四度	十五度	十六度	十七度	十八度	十九度	二十度	廿一度	廿二度	廿三度	廿四度	時角

太陽眞方位（或）方位角表

北緯二十五度與赤緯同名

如何應用日景羅經

吳師青著

四〇

三二

緯度	0度	一度	二度	三度	四度	五度	六度	七度	八度	九度	十度	十一度	十二度	十三度	十四度	十五度	十六度	十七度	十八度	十九度	二十度	廿一度	廿二度	廿三度	廿四度	緯度

（表內為密集之數字資料，計約四十行、逐度列載太陽真方位或方位角之度數值，原書以細小漢字數碼排印。）

太陽眞方位(或)方位角表

北緯二十五度興赤緯異名

眞太陽時角	○度	一度	二度	三度	四度	五度	六度	七度	八度	九度	十度	十一度	十二度	十三度	十四度	十五度	十六度	十七度	十八度	十九度	二十度	廿一度	廿二度	廿三度	廿四度	眞太陽時角
五二	○八	○九	一○	一一	一二	一三	一四	一五	一六	一八	一九	二○	二一	二二	二三	二五	二六	二七	二八	二九	三○	三一	三二	三三	三四	五二
五一	○九	一○	一一	一二	一三	一五	一六	一七	一八	一九	二○	二一	二二	二三	二五	二六	二七	二八	二九	三○	三一	三二	三三	三五	三六	五一
五○	一○	一一	一二	一三	一四	一六	一七	一八	一九	二○	二一	二二	二四	二五	二六	二七	二八	二九	三○	三二	三三	三四	三五	三六	三七	五○
四九	一一	一二	一三	一五	一六	一七	一八	一九	二○	二二	二三	二四	二五	二六	二七	二八	三○	三一	三二	三三	三四	三五	三七	三八	三九	四九
四八	一二	一四	一五	一六	一七	一八	一九	二一	二二	二三	二四	二五	二六	二八	二九	三○	三一	三二	三三	三五	三六	三七	三八	三九	四一	四八
四七	一三	一五	一六	一七	一八	二○	二一	二二	二三	二四	二六	二七	二八	二九	三○	三一	三三	三四	三五	三六	三七	三九	四○	四一	四二	四七
四六	一四	一六	一七	一八	二○	二一	二二	二三	二五	二六	二七	二八	二九	三○	三二	三三	三四	三五	三六	三八	三九	四○	四一	四二	四四	四六
四五	一六	一七	一八	二○	二一	二二	二三	二五	二六	二七	二八	三○	三一	三二	三三	三四	三六	三七	三八	三九	四○	四二	四三	四四	四五	四五
四四	一七	一八	二○	二一	二二	二三	二五	二六	二七	二九	三○	三一	三二	三三	三五	三六	三七	三八	三九	四一	四二	四三	四四	四六	四七	四四
四三	一八	一九	二一	二二	二三	二五	二六	二七	二九	三○	三一	三二	三四	三五	三六	三七	三八	四○	四一	四二	四三	四五	四六	四七	四八	四三
四二	一九	二一	二二	二三	二五	二六	二七	二九	三○	三一	三二	三四	三五	三六	三七	三九	四○	四一	四二	四四	四五	四六	四七	四九	五○	四二
四一	二一	二二	二三	二五	二六	二七	二九	三○	三一	三三	三四	三五	三六	三八	三九	四○	四一	四三	四四	四五	四六	四八	四九	五○	五一	四一
四○	二二	二三	二五	二六	二七	二九	三○	三一	三三	三四	三五	三七	三八	三九	四○	四二	四三	四四	四六	四七	四八	四九	五一	五二	五三	四○
三九	二三	二五	二六	二七	二九	三○	三二	三三	三四	三五	三七	三八	三九	四一	四二	四三	四四	四六	四七	四八	五○	五一	五二	五三	五四	三九
三八	二五	二六	二七	二九	三○	三二	三三	三四	三六	三七	三八	四○	四一	四二	四四	四五	四六	四七	四九	五○	五一	五二	五四	五五	五六	三八
三七	二六	二七	二九	三○	三二	三三	三四	三六	三七	三八	四○	四一	四二	四四	四五	四六	四八	四九	五○	五一	五三	五四	五五	五六	五七	三七
三六	二七	二九	三○	三二	三三	三四	三六	三七	三八	四○	四一	四二	四四	四五	四六	四八	四九	五○	五二	五三	五四	五五	五七	五八	五九	三六
三五	二九	三○	三二	三三	三四	三六	三七	三八	四○	四一	四二	四四	四五	四六	四八	四九	五○	五二	五三	五四	五六	五七	五八	五九	○一	三五
三四	三○	三二	三三	三五	三六	三七	三九	四○	四一	四三	四四	四五	四七	四八	四九	五一	五二	五三	五五	五六	五七	五八	○○	○一	○二	三四
三三	三二	三三	三五	三六	三七	三九	四○	四二	四三	四四	四六	四七	四八	五○	五一	五二	五四	五五	五六	五八	五九	○○	○二	○三	○四	三三
三二	三三	三五	三六	三七	三九	四○	四二	四三	四四	四六	四七	四九	五○	五一	五三	五四	五五	五七	五八	五九	○一	○二	○三	○五	○六	三二
三一	三五	三六	三八	三九	四○	四二	四三	四五	四六	四七	四九	五○	五二	五三	五四	五六	五七	五八	○○	○一	○二	○四	○五	○六	○八	三一
三○	三六	三八	三九	四一	四二	四三	四五	四六	四八	四九	五○	五二	五三	五五	五六	五七	五九	○○	○一	○三	○四	○五	○七	○八	○九	三○
二九	三八	三九	四一	四二	四四	四五	四六	四八	四九	五一	五二	五三	五五	五六	五八	五九	○○	○二	○三	○四	○六	○七	○九	一○	一一	二九
二八	三九	四一	四二	四四	四五	四七	四八	四九	五一	五二	五四	五五	五七	五八	五九	○一	○二	○三	○五	○六	○八	○九	一○	一二	一三	二八
二七	四一	四二	四四	四五	四七	四八	五○	五一	五三	五四	五五	五七	五八	○○	○一	○二	○四	○五	○七	○八	○九	一一	一二	一四	一五	二七
二六	四二	四四	四五	四七	四八	五○	五一	五三	五四	五六	五七	五九	○○	○一	○三	○四	○六	○七	○八	一○	一一	一三	一四	一五	一七	二六
二五	四四	四五	四七	四八	五○	五一	五三	五四	五六	五七	五九	○○	○二	○三	○五	○六	○七	○九	一○	一二	一三	一五	一六	一七	一九	二五
二四	四五	四七	四八	五○	五一	五三	五四	五六	五七	五九	○○	○二	○三	○五	○六	○八	○九	一一	一二	一三	一五	一六	一八	一九	二一	二四
二三	四七	四八	五○	五一	五三	五四	五六	五七	五九	○○	○二	○三	○五	○六	○八	○九	一一	一二	一四	一五	一七	一八	二○	二一	二三	二三
二二	四八	五○	五一	五三	五四	五六	五七	五九	○○	○二	○三	○五	○六	○八	○九	一一	一二	一四	一五	一七	一八	二○	二一	二三	二四	二二
二一	五○	五一	五三	五四	五六	五七	五九	○○	○二	○三	○五	○六	○八	○九	一一	一二	一四	一五	一七	一八	二○	二一	二三	二四	二六	二一
二○	五一	五三	五四	五六	五七	五九	○○	○二	○三	○五	○六	○八	○九	一一	一二	一四	一五	一七	一八	二○	二一	二三	二四	二六	二七	二○
一九	五三	五四	五六	五七	五九	○○	○二	○三	○五	○六	○八	○九	一一	一二	一四	一五	一七	一八	二○	二一	二三	二四	二六	二七	二九	一九
一八	五四	五六	五七	五九	○○	○二	○三	○五	○六	○八	○九	一一	一二	一四	一五	一七	一八	二○	二一	二三	二四	二六	二七	二九	三○	一八
一七	五六	五七	五九	○○	○二	○三	○五	○六	○八	○九	一一	一二	一四	一五	一七	一八	二○	二一	二三	二四	二六	二七	二九	三○	三二	一七
一六	五七	五九	○○	○二	○三	○五	○六	○八	○九	一一	一二	一四	一五	一七	一八	二○	二一	二三	二四	二六	二七	二九	三○	三二	三三	一六
一五	五九	○○	○二	○三	○五	○六	○八	○九	一一	一二	一四	一五	一七	一八	二○	二一	二三	二四	二六	二七	二九	三○	三二	三三	三五	一五
一四	○○	○二	○三	○五	○六	○八	○九	一一	一二	一四	一五	一七	一八	二○	二一	二三	二四	二六	二七	二九	三○	三二	三三	三五	三六	一四
一三	○二	○三	○五	○六	○八	○九	一一	一二	一四	一五	一七	一八	二○	二一	二三	二四	二六	二七	二九	三○	三二	三三	三五	三六	三八	一三
一二	○三	○五	○六	○八	○九	一一	一二	一四	一五	一七	一八	二○	二一	二三	二四	二六	二七	二九	三○	三二	三三	三五	三六	三八	三九	一二
一一	○五	○六	○八	○九	一一	一二	一四	一五	一七	一八	二○	二一	二三	二四	二六	二七	二九	三○	三二	三三	三五	三六	三八	三九	四一	一一
一○	○六	○八	○九	一一	一二	一四	一五	一七	一八	二○	二一	二三	二四	二六	二七	二九	三○	三二	三三	三五	三六	三八	三九	四一	四二	一○
九	○八	○九	一一	一二	一四	一五	一七	一八	二○	二一	二三	二四	二六	二七	二九	三○	三二	三三	三五	三六	三八	三九	四一	四二	四四	九
八	○九	一一	一二	一四	一五	一七	一八	二○	二一	二三	二四	二六	二七	二九	三○	三二	三三	三五	三六	三八	三九	四一	四二	四四	四五	八
七	一一	一二	一四	一五	一七	一八	二○	二一	二三	二四	二六	二七	二九	三○	三二	三三	三五	三六	三八	三九	四一	四二	四四	四五	四七	七
六	一二	一四	一五	一七	一八	二○	二一	二三	二四	二六	二七	二九	三○	三二	三三	三五	三六	三八	三九	四一	四二	四四	四五	四七	四八	六
五	一四	一五	一七	一八	二○	二一	二三	二四	二六	二七	二九	三○	三二	三三	三五	三六	三八	三九	四一	四二	四四	四五	四七	四八	五○	五
四	一五	一七	一八	二○	二一	二三	二四	二六	二七	二九	三○	三二	三三	三五	三六	三八	三九	四一	四二	四四	四五	四七	四八	五○	五一	四
三	一七	一八	二○	二一	二三	二四	二六	二七	二九	三○	三二	三三	三五	三六	三八	三九	四一	四二	四四	四五	四七	四八	五○	五一	五三	三
二	一八	二○	二一	二三	二四	二六	二七	二九	三○	三二	三三	三五	三六	三八	三九	四一	四二	四四	四五	四七	四八	五○	五一	五三	五四	二
一	二○	二一	二三	二四	二六	二七	二九	三○	三二	三三	三五	三六	三八	三九	四一	四二	四四	四五	四七	四八	五○	五一	五三	五四	五六	一
○	二一	二三	二四	二六	二七	二九	三○	三二	三三	三五	三六	三八	三九	四一	四二	四四	四五	四七	四八	五○	五一	五三	五四	五六	五七	○

太陽眞方位（或）方位角表

北緯二十五度與赤緯異名

赤緯／時角	〇度	一度	二度	三度	四度	五度	六度	七度	八度	九度	十度	十一度	十二度	十三度	十四度	十五度	十六度	十七度	十八度	十九度	二十度	廿一度	廿二度	廿三度	廿四度

（表中為太陽方位角之數值表，以中文數字排列。）

如何應用日景羅經

吳師青著

三四

結論

舊傳羅經乃指磁極之南北、非指天之南北也。言堪輿者、對舊羅經之磁針、所受磁極之偏差、與自差之影響、全不顧及、深爲浩歎。須知巒頭非理氣不靈、欲論理氣、第一件事、卽爲定針、若針不確、陰陽致令顚倒、縱湛酖於楊盤、賴盤、蔣盤、大玄空、小玄空、與滇南、無常、蘇州、上虞、湘、楚、等派、徒爲隔靴搔癢而已、何能施其技耶。師青稽攷古籍、參酌新知、對於舊羅經誤差問題、經數十年來、究本窮源、精通其理、考之古墳、驗之己往、未見一毫之差。由是創製日景羅經、讀者果能依法施用、再將拙著「地學鐵骨秘」、「及撼龍經眞義」、「樓宇寶鑑」諸書、相互而

行、收五吉、避七凶、摒出卦、建高嶠、催元運、以及迴風返旺、壓煞迎生、則樞機在握、獲福迎祥、旋乾轉坤、可操左券、堪輿之道、從茲日益彰矣。

如何應用日景羅經

著作者：吳　師　青

出版者：中天貿易公司

發行者：中天貿易公司
香港郵政總局信箱一六〇一三號

印刷者：東南印務社

一九七〇年冬月出版

吳師青先生著述一覽表

地學鐵骨秘　民國十三年初版，潮州府志探入藝文類，朱葛民校長序

樓宇寶鑑　民國五〇年再版，鄧肇堅爵士跋

地學撼龍經真義　民國五十三年初版・翁國裕律師序　五十九年再版・陳孝威將軍序

中國七政四餘星圖析義　鄧肇堅爵士序

中國七政四餘真躔位置圖　陳孝威將軍序

天體曆　一九六二年出版

天體曆彙編　一九六七年增版

香港山脈形勢論　一九六四年四月一日出版

中西星座對照圖

精製日景羅經

簡易日景羅經圖版

如何應用日景羅經

直影日晷圖版

易經五福圖（附圖說）本圖爲參天地，贊化育，福善人而製。

香港中天貿易公司啟

心一堂術數古籍珍本叢刊　第一輯書目